وَقْتُ الْمَدْرَسَةِ

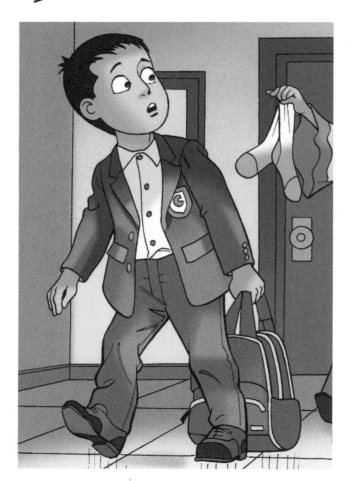

صَحَوْتُ مُتَأَخِّراً هٰذا الصَّباحَ.

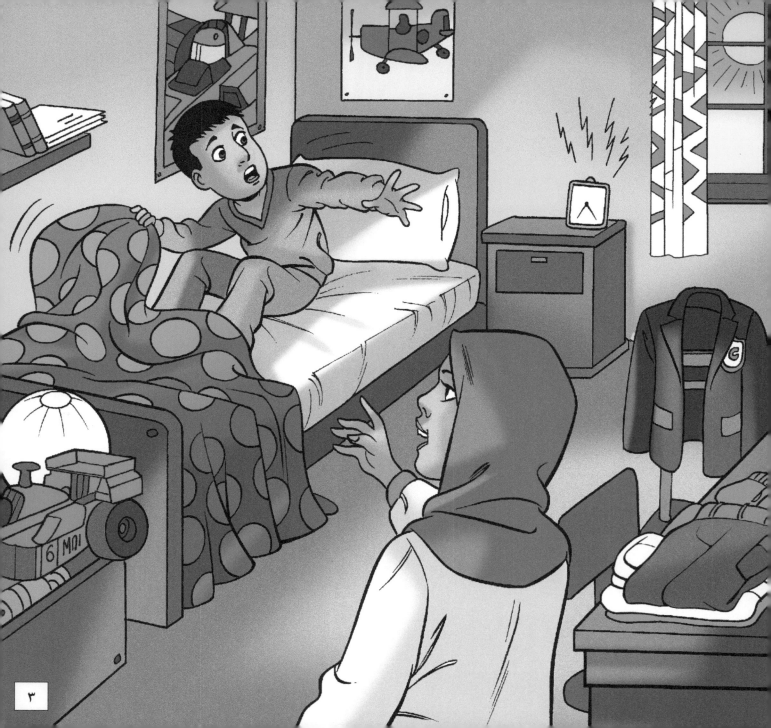

لَبِسْتُ بِنْطالَ الْمَدْرَسَةِ بِسُرْعَةٍ.

6
MO

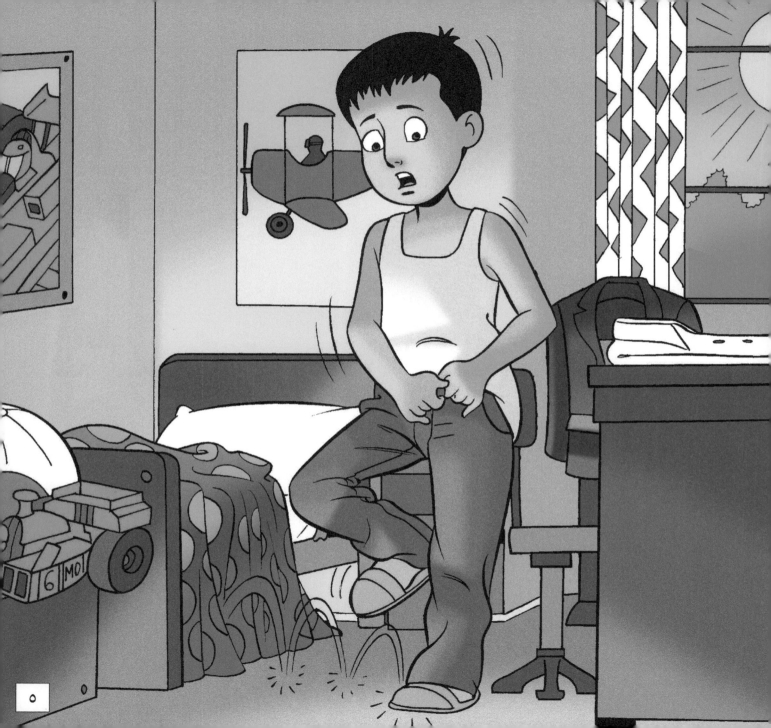

ثُمَّ لَبِسْتُ قَميصي الْأَبْيَضَ.

6
MO

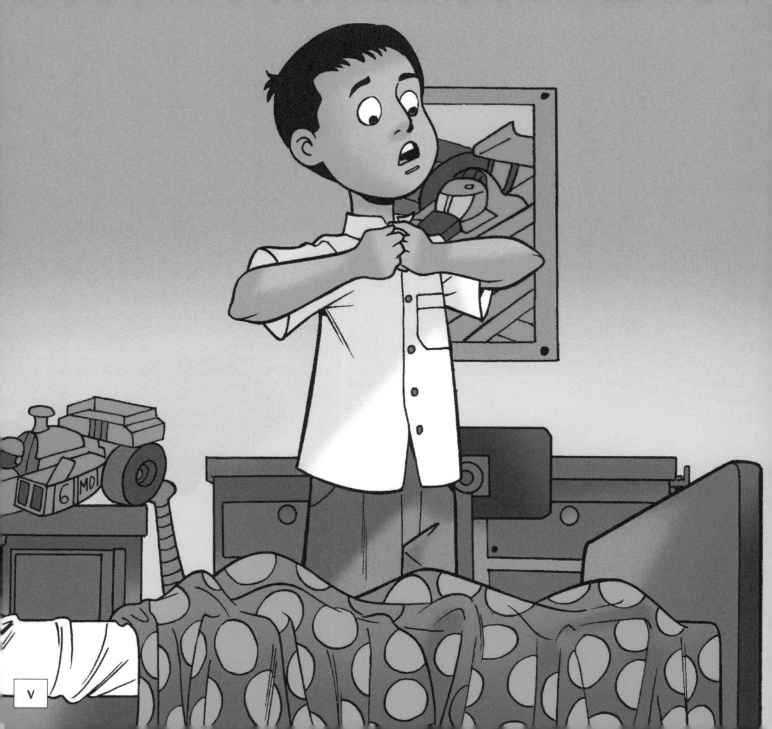

لَبِسْتُ مِعْطَفي أَيْضاً.

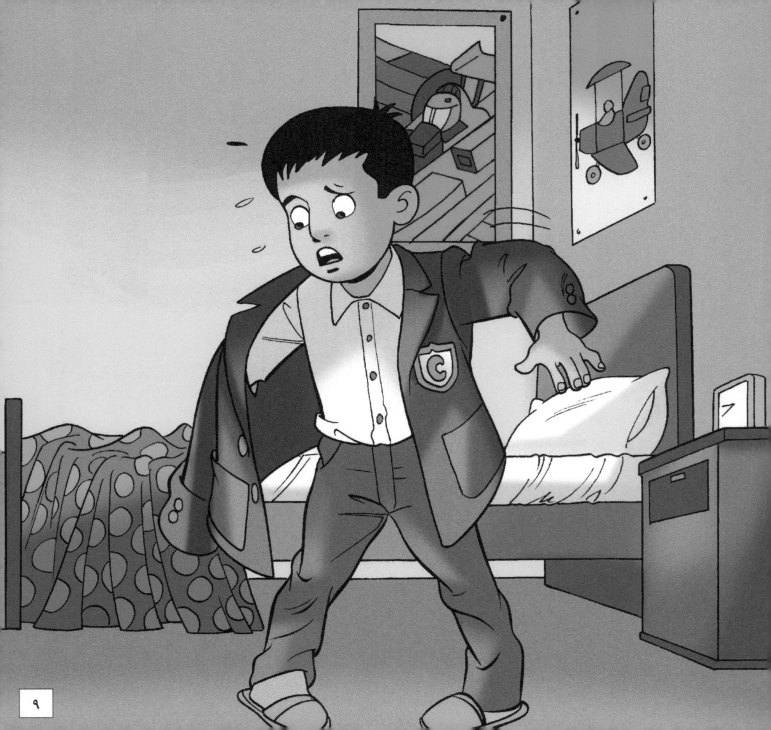

وَلَبِسْتُ حِذائي بِسُرْعَةٍ أَيْضاً.

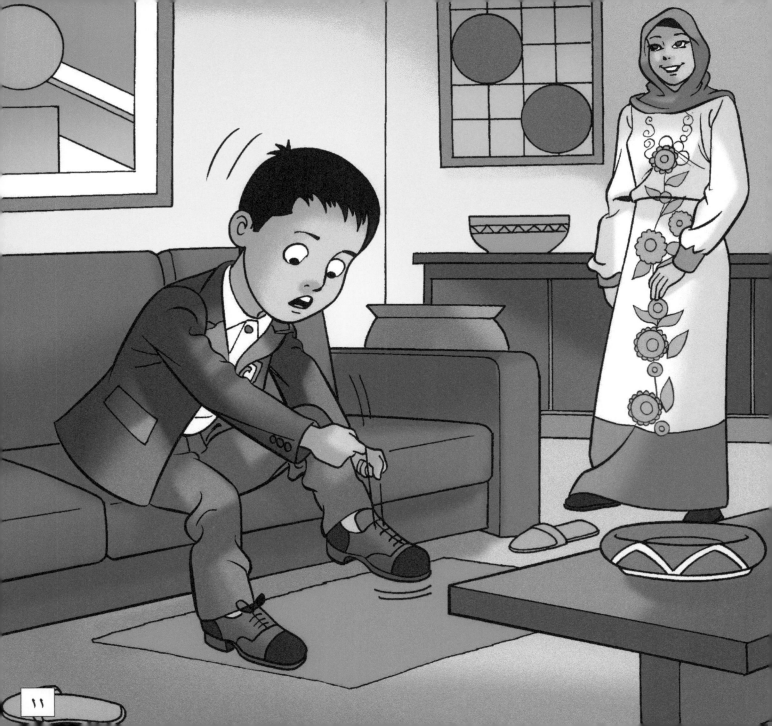

١١

الْآنَ أَنا جاهِزٌ.

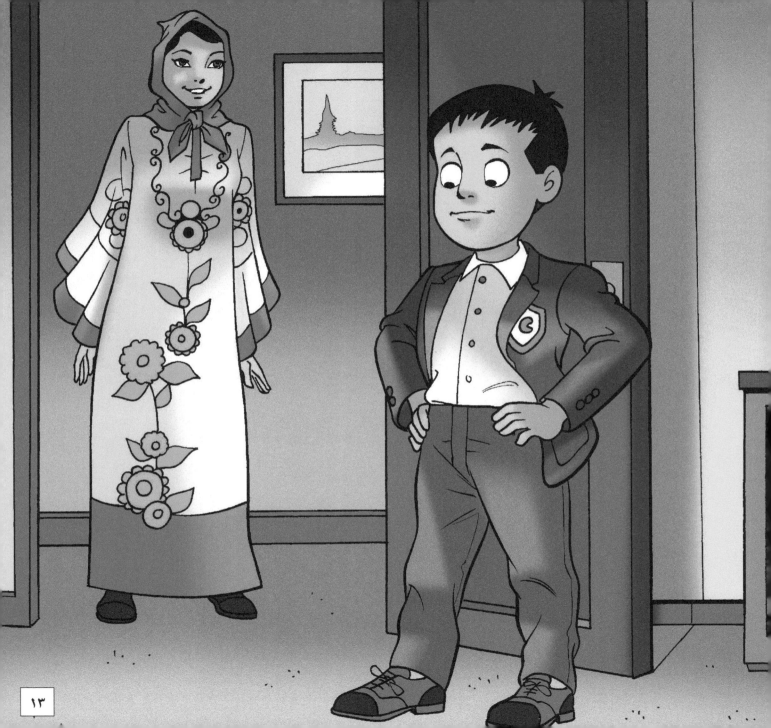

صاحَتْ أُمّي: "نَسيتَ جَوارِبَكَ."

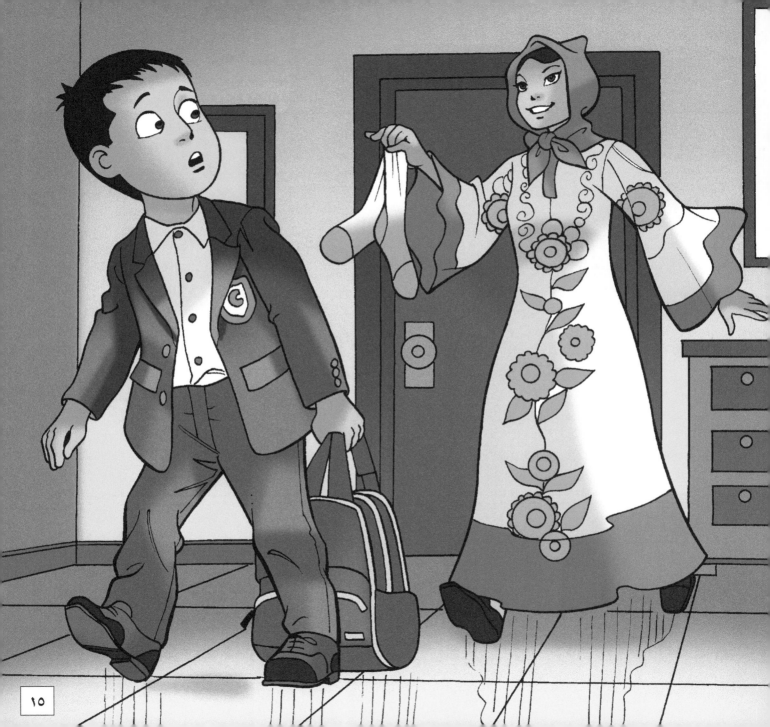

ـب إعطاء التلاميذ بعض الوقت للتفكير في الإجابة على الأسئلة مع التركيز على تشجيعهم عند محاولة
ـم الرجوع إلى استراتيجيات التحقق المذكورة في خطة الدرس حيث أن هذه الاستراتيجيات تساعد على
ساعد على إعداد قراء متحمسين ومتشوقين للقراءة.

تقديم الكتاب

١ التمهيد لموضوع الكتاب:

يمكن للمدرس أن يستعين بدليل المعلم للحصول على المزيد من التفاصيل عن طريقة تمهيد هذا الكتاب للتلاميذ، أو يكتفي بهذه الخطة فقط.
يوجه المعلم الكتاب صوب التلاميذ ثم يقرأ العنوان جهراً مشيراً إلى كل كلمة بإصبعه أثناء القراءة مع سرعة تمرير الإصبع عند ربط الكلمات وإسقاط لفظ همزة الوصل. ثم يطلب المعلم من التلاميذ قراءة العنوان جهراً مع الانتباه إلى تمرير أصابعهم لتحقيق الربط عند وجود همزة الوصل.

يذكّر المعلم التلاميذ بقوله: "تذكروا أن تضعوا إصبعكم تحت كل كلمة بحرص مع تمرير إصبعكم بانسيابية عند الوصل."

٢ يقدم المعلم الكتاب:

الغلاف: "من هما الشخصان اللذان ترونهما في الصورة برأيكم؟ نعم، ولد صغير وأمه. يبدو أنه متأخرٌ. إلى أين سيذهب؟ ما رأيكم؟"

صفحة ٢: "ماذا يحدث في الصورة؟ ماذا يقول الولد؟" يوجه المعلم الكتاب صوب التلاميذ ويقرأ الكلمات مع التتبع بإصبعه تحت كل كلمة وهو يقرأ.

صفحة ٤: "ماذا يحاول أن يفعل الولد برأيكم؟ نعم، هو يحاول ارتداء ملابسه بسرعة. هو يقول: 'لبست بنطال المدرسة بسرعة'." يقرأ المعلم هذه الجملة جهراً مع التلاميذ ويعيد هذه العملية على الصفحات الثلاث التالية.

صفحة ١٥: "أخذ الولد حقيبة المدرسة، كان سيخرج من البيت ولكن... ماذا نسي أن يلبس؟ هيا نقرأ لنعرف."

٣ التهيؤ للمفردات والتراكيب المتوقعة:

يحدد المعلم الفعل في كل صفحة للتلاميذ ويشجعهم على وضع إصبعهم تحت الفعل والنظر إليه بتمعن ليلاحظوا ضمير المتكلم 'تُ' في آخر الفعل.

يشرح المعلم للتلاميذ كيف ولماذا ينتهي هذا الفعل بحرف 'تُ' ويوضح لهم أن المتكلم هو الولد، وهكذا نعرف أن الولد يتكلم عن نفسه... أنا فعلت كذا، أنا فعلت كذا...

استراتيجية التحقق

٤ استراتيجية التحقق من جمع المعلومات المستخرجة من النص عند التهجية:

"إذا لم تعط قراءتكم معنى مفيدا ماذا تفعلون؟ بإمكانكم العودة إلى بداية الصفحة والقراءة مجدداً. عند الوصول إلى الكلمة التي تصعب عليكم قراءتها يجب أن تستعينوا بالمعاني والتراكيب وأوزان الكلمات في الجملة ثم تقوموا بتهجية الكلمة ببطء حرفاً حرفاً أو مقطعا مقطعا ثم تقوموا بجمعها معاً لتكوّنوا كلمة كاملة."

٥ استراتيجية التحقق من استخدام الكلمات المعروفة للمساعدة في القراءة:

"إذا فقدتم موقع الكلمة التي تقرؤونها في النص أثناء القراءة، بإمكانكم أن تستعينوا بالكلمات التي تعرفونها. هناك كلمات تعرفونها على كل صفحة وتستطيعون أن تستعينوا بها لتساعدكم - ابحثوا عن كلمة 'لبست' أو 'بسرعة' أو 'أيضا'. يمكنكم استخدام هذه الكلمات للتأكد من موقع قراءتكم على الصفحة.